Escuelas viejas y nuevas

por Maryellen Gregoire

Consultora:
Nancy E. Harris, MEd

capstone classroom
Heinemann Raintree • Red Brick Learning
division of Capstone

Veo maestros.

Veo estudiantes.

Veo viandas con almuerzos.

THE BOYS' BRIGADE
THE BOYS' BRIGADE
THE BOYS' BRIGADE

Veo banderas.

Do unto others as you
would have them do unto you

Veo maestros.

Veo estudiantes.

Veo viandas con almuerzos.

Veo banderas.